Grauzonen

Gedichte

von

Burkhard P. Bierschenck

Edition Lighthouse

Erste Auflage 2017
Edition Lighthouse
Deutsche Erstausgabe
© BC Publications, Planegg 2017
© Burkhard P. Bierschenck 2017
Verlag: BC Publications GmbH
www.bc-publications.de
Druck: Createspace
Grafiken: Burkhard P. Bierschenck
Umschlag: Magical Media Art
Printed in Germany
ISBN 978-3941717-26-8

WIDMUNG

Ich widme dieses Buch meiner viel zu früh
von uns gegangenen Tochter Aglaia,
die mich inspiriert hat,
und meiner Frau Beatrix,
ohne die ich nicht hätte
weiter schreiben können.

INHALT

VORWORT

Schreiben bedeutet, mit sich selbst um Worte zu ringen, das Leben in Worte zu fassen wie ein Schmuckstück. Wenn ich schreibe, dann versuche ich allem, was ich spüre, höre, sehe, einen Takt zu geben und so in Poesie zu verwandeln. Wenn ich male, dann verwandele ich Worte in Farben und Formen.

Allen, die mich seit vielen Jahren auf meinem künstlerischen Weg begleitet und ermutigt haben, möchte ich sagen, dass ich stets hingehört habe. Manches fiel sofort auf fruchtbaren Boden, manches kam erst nach Jahren in einem plötzlichen Gedanken wieder zum Vorschein. Nichts geht verloren.

Dies ist der Grundgedanke dieses Bandes in Wort und Bild. Man versucht uns in Schwarz und Weiß aufzuteilen, die Welt holzschnittartig zu erklären. Doch in Wahrheit waten wir unser Leben lang durch Grauzonen, und dieses Grau ist in viele Nuancen abgestuft, mal heller, mal dunkler, doch stets irgendwie gebrochen.

SCHWARZ

Rosenleid

Zuerst reichte er ihr
die blutrote Rose,
dann küssten seine Lippen
ihre süßen Knospen.

Wenn ihre Blätter fielen
reiste stets er weiter
zu neuen Beeten.

Schwarze Materie

Wenn auch die neuesten
Tera-Pixel Bilder dem
Kosmos nicht seine letzten
Geheimnisse zu entschlüsseln
vermögen, und wenn in der
Arena gigantischer Teleskope
Schlaf die Astronomen übermannt,
schleicht sich wieder die
Schwarze Materie herein
und weitet unsere Poren,
dass sie dem Hauch des Alls
zu widerstehen bald nicht
mehr vermögen.

Wenn schrill das Bandoneon
die dampfende Nacht zum
weiten Tangosaal verwandelt,
und die schwarzen Witwen
schlanke Knie in den Schritt

der galanten Magier schieben,
zwängt sich ein böser Traum
voll banger Ahnungen in
den schweißnassen Schlaf.

Aus weißen Lattenzäunen
sich blutige Speere formen,
und Konzerthallen stürzen
ein zu Mausoleen.

Wenn lautlos die Space Night
über die Monitore flimmert,
und die greisen Astronauten
noch einmal die blaue Kugel
beschwören, und das große
Wagnis in Anekdoten stückeln,
fließt die dunkle Materie und
verschmiert unsere Sensoren.

Sie macht uns taub und blind
für den Klang des Eiskristalls,

den der Todeshauch erschuf,

unsere Seelen dem tödlichen

Nichts zu entreißen.

Terror

Die dunklen Wolken
vergießen
über Löwen und Lämmern
ihre Tränen
auf künftige Schlachtfelder.

Jahresringe

Die Würde eines Baumes
zeigen seine Jahresringe.

Stürme und lichte Tage,
Geburten und Totenglocken,
Insekten und Menschen,
unter Sternen und der Sonne
schnürten sich die Jahresringe
immer neu in die Bäume.

Die Würde eines Menschen
messen wir in Jahrestagen,
Geburten und Todesläuten,
leben und immer neu lieben.

Unter Sternen und der Sonne,
Gewittern und Feiertagen,
graben sich die Jahresfalten
tiefer um die blinden Augen.

Der Pfad

Die geraden Straßen
brauchen Kurven,
um ans Ziel uns
zu führen.

Die langen Wege
brauchen Pausen,
um zum Ziel uns
zu bringen.

Auf dem Pfad
in die Stille
sind die Seelen
verschlungen.

Idylle

Ich gehe am Zaun entlang
und bewundere die Idyllen
hinter dem Maschendraht.

Und plötzlich freue ich mich
auf das bunte Chaos
in den lauten Straßen.

Denn ich lebe mittendrin!

Der leere Stuhl

Das wackelige Teil,
das einst dir Stütze war,
ziert nur noch Bilder,
schräg und kippelig,
nah der Auflösung.

Jetzt steht er achtlos
in der hintersten Ecke,
in allen Farben
und schrägen Formen,
Zeugnis des Leids.

Du bist aufgestanden,
schiebst nun die Zweifel
und den Stuhl beiseite,
lässt sie der Achtlosigkeit
stumm verfallen.

So bleibt der Stuhl leer.
Niemanden stützend
verblasst er zur Nebensache,
die hässlich wackelnd
Leiden schafft.

Noch nicht einmal
einen Stuhl bietest du an,
jenem, der dir Herzensblut
und Leidenschaft gespendet.
Schon vergessen.

GRAU

Die Kuh

Die Verliererin
der Lebenslotterie
träumt von Bergweiden.

Das Bild der Sennerin
verbleicht am Morgen,
Erwachen im Massenstall.

Würde

Auf der Suche
nach der verlorenen Würde,
durch dunkle Straßen hastend ,
spähen wir in leere Zimmer,
ernten kalte Blicke.

Auf der Suche
nach der verlornen Liebe,
kratzen wir blutig die Herzen,
spucken auf nackte Körper,
säen ewigen Hass.

Auf der Suche
nach dem verlorenen Frieden,
verbrennen wir unsere Gefühle,
löschen die toten Feuer,
fliehen in die Nacht.

Das Tier

Hinter seiner rosa
Schweinemaske kämpft
das Kind ums Leben,
vor dem letzten Atemzug.

In Deinen Augen
glüht die allerletzte Frage,
das Missvergnügen,
vor der lautlosen Antwort.

Wiegenlied

Als endlich der Atem
des Kindes ruhiger wurde,
und das Abendlicht ging,
dachte traurig er an
die Worte des Liedes,
welches soeben er
gesungen hatte
in des Kindes Ohr.

Würde dieses Leben
erfüllen alle Wünsche,
könnten seine Taten
enden zum Guten,
oder eines Tages
ein Attentat alles
auslöschen, als wäre
nichts gewesen.

Der Weltclown

Die Schminke im verwitterten Gesicht
des alternden Weltclowns trocknete,
als er den schrundigen Globus bestieg,
um taumelnd in die Manege zu rollen.

Voll ängstlicher Zweifel fragte er sich,
ob ihm dort der erste Stein die Nase
wieder blutig schlagen würde.

Doch nichts konnte seinen Mut brechen,
nur seine blutende Nase brach.

Der Weltclown stand auf und weinte.

Wendungen

Deine Lider musst nicht
Du senken,
Deine Ohren sollen
nicht ertauben,
Deine Lippen sich
nicht schließen.

Auch wenn die Wirklichkeit
nicht in Dein Konzept passt,
lebt sie doch in Dir.

Jedes Staubkorn ändert sich,
und auch Du änderst Dich,
mit jedem Atemzug.

Sogar die sachten Flügelschläge
eines gleitenden Schmetterlings
entfachen neue Stürme.

Öffne Deine Augen,
Spitz Deine Ohren,
sprich zu mir.

Die Machthaber

Kleine dumme Männer mit langen Bärten,
drapieren kunstvoll blutige Leichen
entlang des Weges in ihre Hölle.

Täglich schlachten sie Menschen ab,
deren Namen sie doch nicht kennen,
und die ihnen nichts getan haben.

Ein gewundener Weg führt sie steil
durch einen finstren Lügenwald
hinab ins dumpf schweigende Tal.

Die Machthaber folgen ihnen niemals.
Sie warten gelassen am Abgrund
und stehlen lieber die Sonne.

WEISS

Der Baum

Tausend Äste
recken sich in den Himmel.
Über ihnen
schweben schwarze Vögel.
Aus dem Stamm
bricht blutiger Schleim.
Auf die Äste
warten die Selbstmörder.

Aufrecht und lächelnd

Wenn wir nun gehen,
wenn wir endgültig gehen,
sollte es in Würde sein,
aufrecht und lächelnd.

Wenn wir ganz allein
über uns entscheiden dürften,
sollte es in Würde sein,
aufrecht und lächelnd.

Doch dann sind wir,
wenn wir endgültig gehen,
eben nicht mehr allein,
Fremde in kaltem Land.

Doch dann sind wir,
vergiftet von Chemikalien,
beraubt unserer Würde,
gequält von Schmerzen.

Wenn wir soweit sind,
endgültig in uns sind,

sehen wir in Würde zurück,

aufrecht und lächelnd.

Wenn wir nun schweigen,
wenn wir endgültig sind,
darf uns wieder Würde sein,
aufrecht und lächelnd.

Venus

Kleine Göttin
mit der Ammenbrust,
leugne nicht,
dass in Wallung
mein Blut Du bringen
musst.

Doch wenn ich strecke
aus die Hand
nach Deinem Rund
weichst Du zurück,
wendest empört
Dich ab.

Ach, die Götter
schieben heute Frust,
und wissen längst
nicht mehr wohin
mit ihrer Liebe.
und Lust.

Wie? So!

Wie sollte der alte Mann
sich der schönen Frau,
die nicht mehr jung,
aber dennoch jünger war,
erwachsen nähern.
Natürlich wußte der Alte,
dass reifere Liebes-Paare
viel mehr Zeit mit reden,
als mit lieben verbringen.
Aber wie reden Ältere
über die lustvolle Liebe,
ohne lächerlich zu werden?
Nicht das Versagen ängstigt,
sondern das falsche Sagen.
Doch ist alles ganz einfach,
Humor besiegt jede Angst,
Zärtlichkeit ersetzt Sport.
Wie? So! Immer wieder neu
erfindet sich die reife Liebe.

GELB

Bergpredigt

Unter mir
hängt ein
toter Bergsteiger.
Auch ich predige
am Abgrund.

Venus im Tempel

Auf Melos brach man deine Glieder,
und deine Augen blicken leer hernieder,
deinen Tempel suchst du dort vergeblich
und schämst dich einsam redlich.

Weiße Linnen? Rosa Plastik-Mieder!
Marmor? Den rockt man nieder!
Vorbei die Tage stolzer Feuer ...
heut bist du willig, aber teuer!

Um deinen Hügel wollt ich werben,
doch bist du, schade, heut in Scherben.

Ovid

Am Meer wartet der Dichter,
Den Papyrus in der Hand,
Stumm deklamiert die Verse
Seiner liebenden Helden.
Sie wechseln die Namen
und träumen die Schicksale,
Leben ihre Metamorphosen.

Der Dichter rollt den letzten
Papyrus zusammen und bindet
Den geheimen Schlussknoten
Unter Tränen zitternd formen
Die Lippen ein leises Rom.

ORANGE

Zielsicher

Sorgsam wählen wir unsere Worte,
präzise sollen sie sein,
aber auch möglichst vieldeutig,
gezielt und doch sicher
am Ziel vorbei.

Meditation

Über dem Schrein
des Kaisers
zieht ein Reiher
stumme Kreise.

Die Prophezeiungen
flattern
an Gingkoästen.

Der Mönch
legt einen Stein
in den Garten
der Harmonie.

Der Alte und das Meer

Der alte Mann
Sitzt am Meer
Und schweigt.

Vom Glitzern der Tränen,
von den Schaumkronen
und von der Sonne geblendet,
starrt lang er in die Weite,
die keinen Trost mehr
für ihn spendet.

Der alte Mann
Sitzt am Meer
Und seufzt.

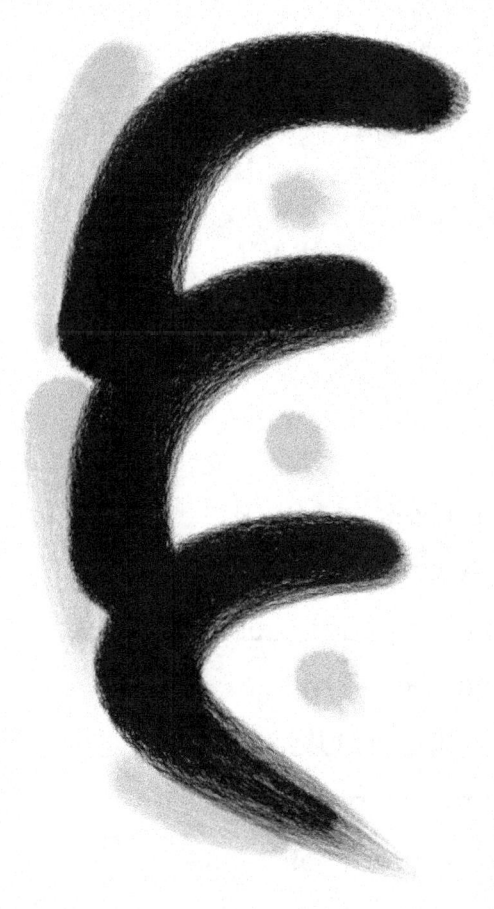

BRAUN

Torero

Hinter dem tödlichen Blick
lauert die Angst,
nicht um sein eigenes Leben,
nicht vor den Hörnern,
den stampfenden Hufen,
sondern um die Liebste,
die niemals trauern soll
um den Matador.

Firnis

Als der letzte Blick
auf die Collage
keine Fehler mehr offenbarte,
tauchte er den Pinsel
ins Firnis-Glas.

Später dann
betrachtete ein Kenner
das trockene Werk unter der Lupe,
untersuchte die Strukturen
der Elemente und Farben
und entdeckte schließlich
ein Haar im Firnis.

Augenblick

Ich blicke
entlang des gezackten
Horizonts,
die Sonne sendet
drüber hin ihre
letzten Lichtblitze,
dann senkt sich
oranges Feuer
über das Land.

Es gibt kein
Zagen, kein Zaudern,
Blätter rollen
sich müde ein,
ein heißer Tag
neigt sich dem
Ende zu.

Am Ende
der Straße wehen
blonde Locken,
ein Irrtum nur,
ein Augenblick,
eine alte Frau.
hastet davon.

Silberstreif

Als der Herr sein graues Haar,
im Wind zu bändigen versuchte,
schließlich hilflos die Hände sinken ließ,
dachte er warm an die Frau,
die er einst so liebte.

Der Mann hob den Blick,
sah den Silberstreif am Horizont,
und spürte eine zarte Hoffnung keimen,
sein Begehren zu erfüllen,
als er in ihre Augen blickte.

Die Dame färbte das Haar,
dachte kühl an den grauen Mann,
plötzlich spürte sie kein Bedürfnis mehr,
sein Begehren zu erwidern,
als lustlos sie ihre Augen senkte.

Attentat

Gib mir meine Seele wieder,
die Du gestohlen hast
mit Deinen Worten
und Taten.

Gib mir meine Leben wieder,
die Du genommen hast
mit Deinen Worten
und Taten.

Nimm Du dein Leben wieder,
aber wage nicht, hier
mit Deinen Worten
zu prahlen.

Nachrichten

Ein paar Worte nur,
sie ähneln denen
von gestern.

Ein paar Worte nur,
sie drängen hervor
wie Wespen.

Ein paar Worte nur,
sie zeigen ja nur
die Reste.

Ein paar Worte nur,
Tote, Verletzte und
die Täter.

Vegan

Gut, dass die Möwe
über die Wogen segelt,
die Wellenkämme
sich kräuseln und
die Fische darunter
durchtauchen.

Gut, dass der Löwe
durch die Steppen streift,
die Wolkenbänke
sich ballen und
die Tiere darunter
nicht erkennt.

So können beide kurze Diät
halten, Fisch und Fleisch
vermeiden, und damit auch
jedem blassen Veganer
politisch korrekt,
hungrig begegnen.

LILA

Ketten

Paare gehen gern im Gleichschritt,
verschlungen Hand in Hand,
Zärtlich verbundene Kettensträflinge,
denn wir wissen unausweichlich,
am Ende muss einer von uns
als Erster stolpern.

Glas

Wir sehen uns an
und sehen uns nicht.

Die gläserne Wand,
fragil und hart,
wird zur Mauer.

Wir wenden uns ab
und sehen das Nichts.

Die gläserne Wand,
nie durchsichtig,
ist von Dauer.

Der Rabe

Nichts wird ihn zurückhalten,
den schwarzen Vogel,
sein Nachtgefieder geglättet,
starrt er kalten Blutes
die Zweifler in den Hintergrund.

BLAU

Blaue Nächte

Wenn hinter Gipfeln die Sonne
orange versinkt,
blickt man in die blaue Nacht,
die heraufzieht,
den Sternen-Vorhang öffnet
für das dunkle Fest.

Drinnen erhitzt die Liebesglut,
draußen fließt das Blut.

TÜRKIS

Licht

Ich entledige mich
der Schwere,
lasse mich gleiten
ins Nichts.

Ich erfreue mich
der Ruhe,
lasse mich leiten
ins Licht.

Dieses

Es ist dieses Leben,
dieses atemlose Laufen,
diese Ziele,
die keine sind.

Es ist dieses Atmen,
dieses schweigende Schauen,
diese Augen,
die keiner sieht.

Es ist dieses Warten,
dieses dauernde Schweigen,
diese Hände,
die keiner nimmt.

Es sind diese Blicke,
dieses endlose Starren,
diese Bilder,
die keiner sieht.

Es ist dieses Sterben,
dieses fliehende Gleiten,
diese Tode,
die meine sind.

GRÜN

Die Natter

Eine Natter
ringelt sich durchs Gras.
Gefahr. Näher.
Entwarnung!

Streublumen

Wegen Dir
sitz ich hier
und esse Tulpen,
rot und gelb.

Im Busch
pfeift ein Pirol
eine Melodie
ohne Moll.

Frisch gemähte
Wiese mit bunten
Streublumen.
Ich niese.

DER AUTOR

Burkhard P. Bierschenck, geboren 1950 in Bocholt/Westfalen, lebte einen Teil seiner Jugend im Mittleren und Fernen Osten. Nach mehreren Semestern Jura, Kunstgeschichte, und Publizistik, besuchte er die Deutsche Journalistenschule und absolvierte anschließend ein Magister-Studium der Geschichte und Literaturgeschichte. Berufliche Positionen als Chefredakteur, Redaktions-direktor, Verlagsleiter und Geschäftsführer bei verschiedenen deutschen und internationalen Verlagen. 1996 machte er sich selbständig und übernahm einen in München ansässigen Fachverlag. Dazu gesellten sich ab 2002 weitere Medienunternehmen. Er malt und schreibt Lyrik, Romane und Kurzgeschichten, sowie populäre Sachbücher. Der Autor, PEN-Mitglied, lebt in Bayern und der Bretagne.